Inhalt

Feuer auf Island

Der Wissenschaftler sieht aus wie
ein Ritter, der am Hölleneingang
steht. Seine Rüstung ist ein silber-
farbener, feuerfester Anzug. Hinter
ihm erhebt sich eine Furcht einflößende Wand aus rot glühendem,
geschmolzenem Gestein, das aus der
Tiefe der Erde emporschießt.

Philip Steele

Vulkane

Das Tor zur Hölle

Die Erde beginnt zu grollen und zu beben. Bergspitzen bersten. Der Himmel verdunkelt sich, Blitze zucken über ihn. Die Luft riecht übel, ist giftig und stickig. Früher hielten die Menschen Vulkanausbrüche für das Werk verärgerter Götter und böser Geister. Um die Götter zu besänftigen, warf man Menschenopfer in den Krater. Erst im 20. Jahrhundert begannen Wissenschaftler wie der deutsche Geophysiker Alfred Wegener den Aufbau der dünnen äußeren Erdschicht, der Erdkruste, zu entschlüsseln. Noch heute sind die Wissenschaftler dem Geheimnis der Vulkane auf der Spur – und das ist wirklich spannend.

Schon seit Urzeiten opfern die Menschen auf Hawaii der polynesischen Vulkangottheit Pele Beeren. Pele heißt auch Hina-Ai-Malama, »die den Mond isst«.

Griechisches Feuer

Bereits in der Antike suchten einige Gelehrte nach den Ursachen für Vulkanausbrüche. Der griechische Philosoph Aristoteles (384–322 v. Chr.) nahm an, die Erde sei durchsetzt von riesigen Höhlen, die den Wind einsaugen. In den Höhlen wird er von großen Feuern erhitzt und dann in Vulkanausbrüchen wieder ausgestoßen.

Im Reich des Teufels

Früher hielten die meisten Christen die Hölle für ein unterirdisches Reich, in dem Feuer und Glut vorherrschten. Wahrscheinlich waren diese Vorstellungen bedingt durch die Erfahrungen, die die Menschen mit Vulkanen gemacht hatten. Vulkane waren unbekannte, tödliche Naturkräfte – also das Werk des Teufels.

Diese albtraumhafte Vision der Hölle und ihrer Qualen stammt von dem niederländischen Maler Hieronymus Bosch (um 1450–1516).

Die Schmiede des Vulcanus

Unser Wort Vulkan leitet sich von dem Namen
Vulcanus her. Zwischen 1500 v. Chr. und 400 n. Chr.
beteten die Griechen einen Feuergott namens Hephaistos an. Die Römer verehrten diesen Gott ebenfalls,
nannten ihn aber Vulcanus. In großen Öfen schmolz
er angeblich Metalle, die er dann formte. Diese Öfen
befanden sich im Ätna auf der Insel Sizilien. Noch
heute glüht der Ätna wie ein Schmiedefeuer.

*Der griechischen Sage nach schmiedete Hephaistos
Schild und Rüstung für den Helden Achilles.
In seinem glänzenden Schild spiegelte sich die
Welt und alles, was es auf ihr gibt.*

Krakatau, 1883

Die Vulkaninsel Krakatau nahe Java explodierte am 27. August 1883. Das war auf acht Prozent der Erdoberfläche zu hören. 36 000 Menschen starben.

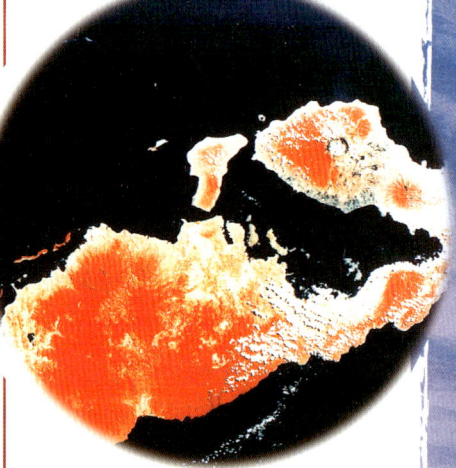

Das Satellitenbild zeigt ein riesiges Loch in der indonesischen Insel Sumbawa. Dieser Teil der Insel flog in die Luft, als im Jahr 1815 der Tambora ausbrach und in sich zusammenstürzte.

Vesuv, 79 n. Chr.

Tod eines römischen Admirals

Im Jahr 104 n. Chr. beschrieb der römische Schriftsteller Plinius der Jüngere dem Historiker Tacitus, wie sein Onkel Plinius der Ältere im Jahr 79 zu Tode gekommen war. Plinius der Ältere, damals 56, war mit der römischen Flotte in Misenum stationiert. Am 24. August deutete seine Schwester Plinia auf eine große Wolke, die sich über die Berge erhob. Plinius befahl seiner Flotte auszulaufen. Er wollte eine Rettungsaktion einleiten und alles, was er sah, gewissenhaft aufzeichnen. Als er sich der Gefahrenzone näherte, regnete es aus dem Vesuv Asche und Steine. Plinius ging bei Stabiae an Land.

Bald jedoch brach der Vesuv mit aller Gewalt aus; ein dicker Aschenregen raubte den Menschen den Atem. Plinius erstickte am Strand; er wurde zwei Tage später gefunden.

Ein alter Krater

Diese Klippen auf der griechischen Insel Thera (Santorin) sind die Wände eines Kraters, der bei einem der gewaltigsten Vulkanausbrüche aller Zeiten entstand. Um 1500 v. Chr. gingen dabei 80 Quadratkilometer der Insel für immer verloren. Ein weiterer Ausbruch ereignete sich 1926.

Unglücksberge

Ein Vulkan ist eine Öffnung in der Erdkruste. Aus dieser Öffnung bricht Lava, geschmolzenes Gestein, in Strömen hervor. Manchmal werden auch Asche und Steine in den Himmel geschleudert. Kühlt die Lava ab, härtet sie aus und bildet neues Gestein. Lava und Asche können sich zu einem Vulkankegel auftürmen. Es gibt Vulkane, die fast unentwegt ausbrechen, und es gibt welche, die nur alle paar hundert oder tausend Jahre Lava spucken. Ein Vulkan, der jederzeit wieder ausbrechen kann, ist ein »tätiger« oder »aktiver« Vulkan. Einer, der lange Zeit ruht, ist ein »untätiger«, einer, der nicht mehr ausbrechen wird, ein »erloschener« Vulkan.

Nur zwei der 30 000 Einwohner von Saint-Pierre auf der Insel Martinique überlebten den Ausbruch des Montagne Pelée am 8. Mai 1902.

Bei Ausgrabungen auf der Insel Thera wurden Städte aus der Bronzezeit freigelegt. Dies ist eine Ausgrabung in der Nähe von Akrotíri. Dort wurden bei dem Vulkanausbruch um 1500 v. Chr. Häuser zerstört, die mit herrlichen Gemälden verziert waren.

Der zerstörerische Vesuv

Der Vesuv erhebt sich 1277 Meter über die Bucht von Neapel in Süditalien. Seine Spitze wurde immer wieder weggesprengt und von ausfließendem Magma neu aufgebaut. Der bekannteste Ausbruch ereignete sich 79 n. Chr. Damals wurden Pompeji und Stabiae, Oplontis und Herculaneum verschüttet. Der Vesuv brach mit gewaltiger Wucht in den Jahren 1631, 1779, 1794, 1822, 1872, 1906, 1929 und zuletzt 1944 aus. Das Gemälde zeigt einen Ausbruch im 18. Jahrhundert.

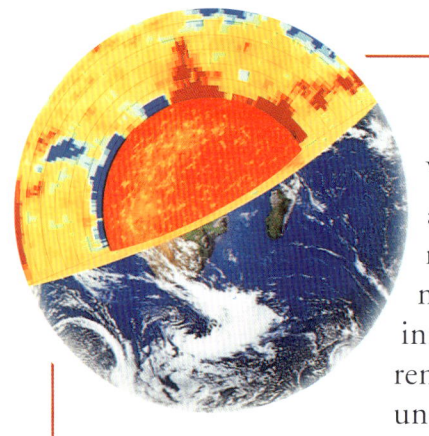

Im Erdinnern

Wenn wir verstehen wollen, warum Vulkane ausbrechen, müssen wir das Erdinnere kennen lernen. Der Erdkern hat einen Durchmesser von 7000 km. Er besteht aus einer inneren festen Eisenschicht und einer äußeren Schicht aus geschmolzenem Eisen, Kobalt und Nickel. An den Kern schließen sich rund 2900 km Erdmantel an, der unter anderem aus verschiedenen Metallen besteht. Der untere Teil dieser Schicht ist weich und schlickerig. Der obere Erdmantel ist hart, hat aber Einschlüsse aus heißem, geschmolzenem Gestein. Die Erdkruste ist unter den Kontinenten bis zu 60 km stark. Sie wird von den Kräften tief im Erdinnern unablässig neu gebildet und geformt.

Die Gesteinsfabrik

Die Erde entwickelt sich seit ihrer Entstehung vor 4600 Millionen Jahren stetig weiter. Die roten Bereiche des Mantels (gelb) stehen für aufsteigendes, heißes geschmolzenes Gestein, das neues Oberflächengestein bildet, während das alte (blau) absinkt und wieder schmilzt.

Zentralheizung

Im Erdkern herrscht ein unvorstellbarer Druck; die Temperatur liegt bei 6000 °C. Diese Hitze bringt geschmolzenes Gestein aus dem Erdmantel dazu, zur Erdkruste aufzusteigen. Die so in Gang gebrachten Magmaflüsse bezeichnet man als Konvektionsströme. Dort, wo Magma durch die Erdkruste bricht, wird es zum Baustoff für eine neue ozeanische und kontinentale Kruste.

Diese Computerdarstellung zeigt die Konvektionsströme rund um den Erdkern. Die Farben markieren Temperaturunterschiede. Im dunkelblauen Bereich herrschen minimal 303 °C, im roten maximal 1200 °C.

Erdkern

Ein verlassener Lastwagen wird nach einem Vulkanausbruch auf Hawaii von der Lava eingeschlossen. Die Kräfte, die die Erdkruste formen, sind verheerend und unaufhaltsam. Für die Zukunft des Planeten sind sie unerlässlich, für die Menschen, die auf ihm leben, bedeuten sie oft Zerstörung.

Feuerströme

Magma, das sich über die Erde oder den Meeresboden ergießt, nennt man Lava. Hier strömt Lava über den Mauna Loa, Hawaii. Die Lava kühlt beim Fließen ab und härtet zu neuem Gestein aus.

Kilauea, Hawaii, 1990

Der Lavastrom aus dem Krater Kilauea im Süden Hawaiis hat die Stadt erreicht. Lava kann beim Ausbruch bis zu 1200 °C heiß sein. Auch während sie abkühlt, kann sie Gebäude in Brand setzen.

An schwachen Stellen öffnet sich die Erdkruste unter der Gewalt des nach oben drängenden Magmas. Manchmal sickert die Lava unbemerkt heraus, manchmal wird sie unter gewaltigem Druck ausgestoßen. Bei diesem Vulkan auf den Hawaii-Inseln sieht sie aus wie brodelnde, rot glühende Marmelade.

Tektonische Platten

Teile der Erdkruste, die so genannten tektonischen Platten, schieben sich über das weiche Gestein des Erdmantels. Im Pazifik verläuft an den Grenzen zwischen den Platten der »Ring of Fire«. Dort ist die Gefahr eines Erdbebens oder Vulkanausbruchs besonders groß. Aufgrund der Konvektionsströme im Erdmantel driften die Platten ganz langsam aufeinander zu oder voneinander weg. Da, wo sie unter dem Meer auseinander driften, klafft ein Graben. Magma, das dort nach oben quillt, baut zu beiden Seiten der Spalte eine untermeerische Bergkette auf (Mittelozeanischer Rücken).

Im Vulkan-National-park auf Hawaii tritt aus so genannten Fuma-rolen Rauch aus. Die Hawaii-Inseln sind eine Gruppe unter-meerischer Vulkane, die an einer Platten-grenze auf einem Hot Spot (»heißer Fleck«) der Erdkruste entstan-den sind. An den Hot Spots ist der Erdmantel besonders heiß; das geschmolzene Gestein drückt dort durch die tektonischen Platten nach oben.

Lavaströme bringen neues Gestein her-vor, das Hohlräume ausfüllt, und sie erwärmen das Meer-wasser. Dort, wo die Lava ausströmt, bauen sich aus Mineralien Schlote auf, aus denen Gase austreten.

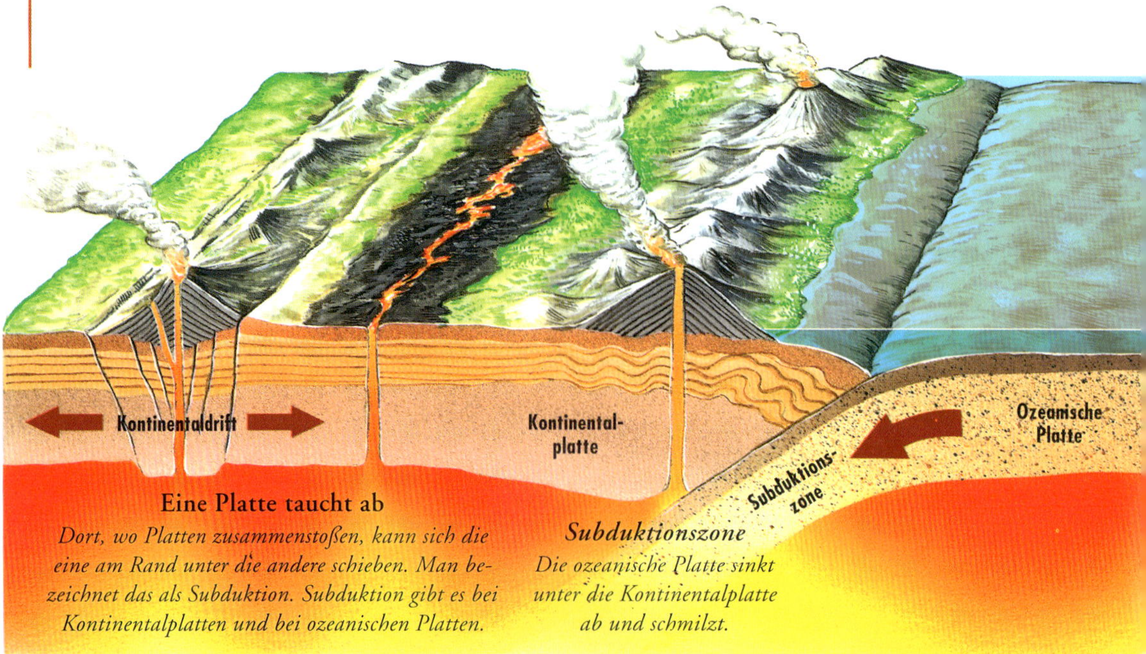

Kontinentaldrift

Kontinental-platte

Ozeanische Platte

Subduktions-zone

Eine Platte taucht ab
Dort, wo Platten zusammenstoßen, kann sich die eine am Rand unter die andere schieben. Man be-zeichnet das als Subduktion. Subduktion gibt es bei Kontinentalplatten und bei ozeanischen Platten.

Subduktionszone
Die ozeanische Platte sinkt unter die Kontinentalplatte ab und schmilzt.

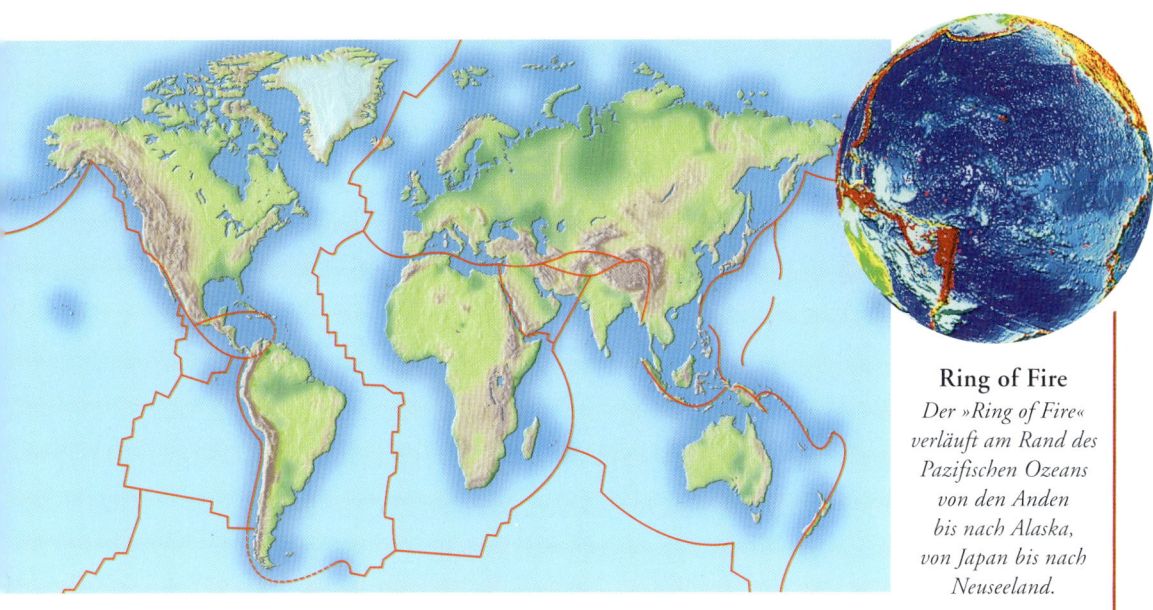

Ring of Fire

Der »Ring of Fire« verläuft am Rand des Pazifischen Ozeans von den Anden bis nach Alaska, von Japan bis nach Neuseeland.

Der brüchige Planet

Auf dieser Karte sind die Plattengrenzen zu sehen. An ihnen befinden sich die meisten Vulkane. Am Meeresboden verlaufen entlang der Plattengrenzen die Mittelozeanischen Rücken. Unter dem Atlantik dehnt sich der Meeresboden pro Jahr rund 2 cm aus; im östlichen Pazifik sind es jährlich sogar rund 20 cm.

Von 1963–1966 entstand aus der vulkanischen Tätigkeit unter dem Meer die neue Insel Surtsey. Ihren Namen erhielt sie von Surtr, dem Feuerriesen der nordischen Mythologie.

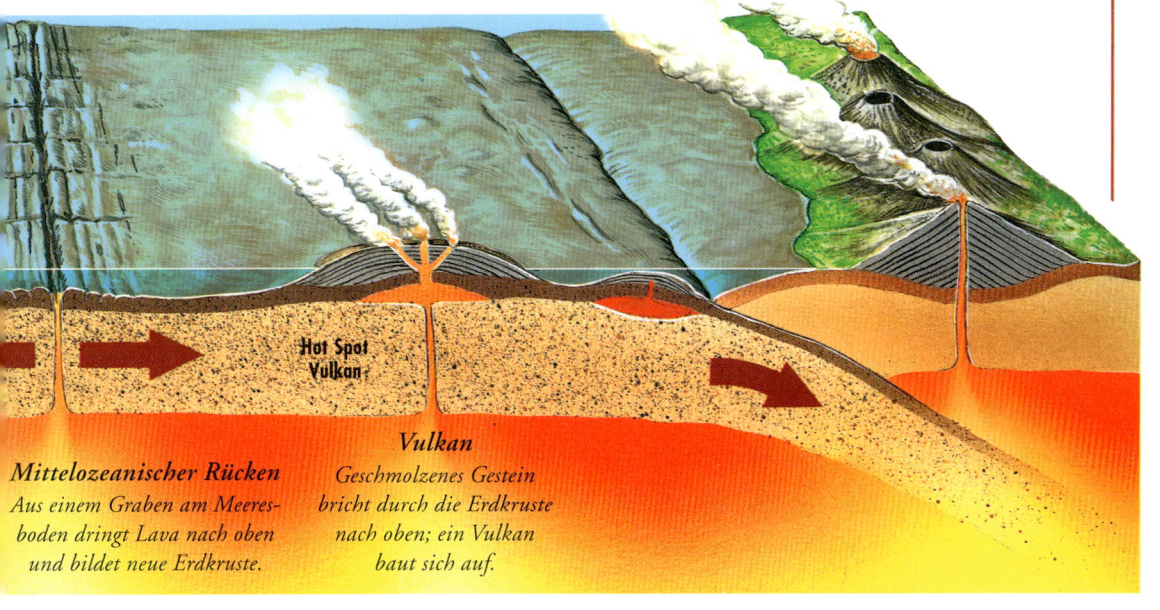

Mittelozeanischer Rücken
Aus einem Graben am Meeresboden dringt Lava nach oben und bildet neue Erdkruste.

Vulkan
Geschmolzenes Gestein bricht durch die Erdkruste nach oben; ein Vulkan baut sich auf.

Hot Spot Vulkan

Vesuv, 1631

Tod im Dezember

Am frühen Morgen des 16. Dezember 1631 – die Priester bereiteten das Weihnachtsfest vor – brach der Vesuv aus. Monatelang hatte die Erde bereits gebebt, hatte sich der Krater mit Lava gefüllt. Gegen Mittag jedoch rissen am Südwesthang des Vulkans unerwartet zwei Spalten auf, aus denen sich in gewaltigen Strömen heiße Lava ergoss. Später am Tag rasten Schlamm und Lava sturzbachartig ins Tal. Augenzeugen berichteten von einem gewaltigen Asche-regen, der über Neapel niederging. In den folgenden beiden Tagen starben über 4000 Menschen, viele in der Stadt Resina, die über dem antiken Herculaneum erbaut worden war.

Manchmal entsteht am Hang oder am Fuß eines Vulkans ein Riss, durch den Gas austritt. Unter großem Druck kann daraus eine lange Spalte wer-den. Das geschah 1977 im isländischen Kraflafeld. Hier sehen wir die zwei Kilometer lange Spalte, durch die große Mengen Lava austreten.

Der Dauerbrenner

Der Ätna auf Sizilien hat eine so große Magmakammer, dass er unab-lässig aus-bricht. Des-halb hat er kaum Zeit, einen Pfropf zu bilden. Seine Eruptio-nen sind daher weit weniger druckvoll und heftig als die anderer Vulkane.

Im Innern des Vulkans

Glühend heißes Magma aus dem oberen Erdmantel steigt in große Kammern in der Erdkruste auf. Ein Teil davon bildet zwischen verschiedenen Gesteinsschichten so genanntes Tiefengestein. Teilweise füllt es auch als Ganggestein alte Spalten auf. Der größte Teil aber drängt durch einen Vulkanschlot nach oben. Nach und nach baut der Vulkan bei seinen Eruptionen einen steilen Kegel mit einem gewaltigen Schlot in der Mitte auf. Im Innern eines Vulkans befindet sich meist ein ganzes System von Gängen, Schloten und Spalten. Unter großem Druck drängen Magma und Gase auch durch diese Spalten und Fumarolen. Nach einem Ausbruch sind die Öffnungen häufig mit erkalteter Lava verstopft.

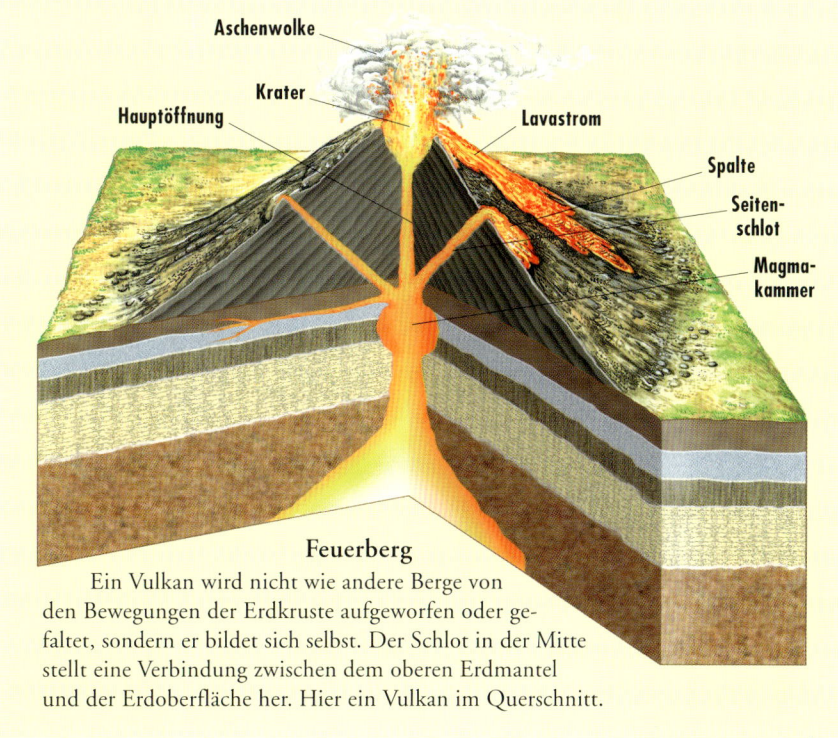

Aschenwolke
Krater
Hauptöffnung
Lavastrom
Spalte
Seitenschlot
Magmakammer

Feuerberg
Ein Vulkan wird nicht wie andere Berge von den Bewegungen der Erdkruste aufgeworfen oder gefaltet, sondern er bildet sich selbst. Der Schlot in der Mitte stellt eine Verbindung zwischen dem oberen Erdmantel und der Erdoberfläche her. Hier ein Vulkan im Querschnitt.

Der hohle Zahn

Wenn eine heftige Eruption den Vulkanpfropf sprengt, bricht die Bergspitze weg und zurück bleibt ein Krater. Manche Krater sind noch mit der Magmakammer weiter unten verbunden, andere durch einen neuen Pfropf aus Lava und Asche von ihr getrennt. Zu den eindrucksvollsten Vulkankratern zählt die Caldera. Sie entsteht, wenn eine gewaltige Explosion die gesamte Magmakammer leert und der Vulkankegel in sich zusammenstürzt.

Warnsignale

Vulkanausbrüche sind schwer vorherzusagen. Selbst Wissenschaftler, die einen Vulkan lange untersucht haben, werden immer wieder von einer Eruption überrascht. Dennoch gibt es Warnsignale; einige sind seit Jahrtausenden bekannt: Kleine und größere Erdbeben erschüttern häufig die Vulkanregion. Aus dem Schlot, aus Spalten am Hang oder Fumarolen strömen mehr und mehr Gase aus. Sie riechen nach faulen Eiern, also nach Schwefel. Wenn das Magma im Berg aufsteigt, ist womöglich ein Rumpeln zu hören. Manchmal schwillt unter dem Druck des Magmas der ganze Berg seitlich an, sodass Gebäude ihren Halt verlieren oder das Meer von der Strandlinie zurückweicht.

Unheimliche Stille
Wie der Ätna ist auch der Stromboli ein aktiver Vulkan. Der Berg rumpelt und rumort. Tritt eine unheimliche Stille ein, ist der Schlot meist mit Steinen verstopft. Es baut sich ein Druck auf, der sich in einer gewaltigen Eruption entlädt.

Schlangen als Hellseher
Aus vielen Teilen der Erde wird berichtet, dass die Erdbeben und das Ansteigen der Bodentemperatur, die einem Vulkanausbruch vorangehen, Schlangen aus ihren Höhlen und Erdlöchern vertreiben.

Mount St Helens, 1980

»Ich gehöre zum Berg«
Es war am 30. April 1980, als der Mount St Helens im amerikanischen Bundesstaat Washington zum Katastrophengebiet erklärt wurde. Am gefährlichsten war die »rote Zone«, die bis auf Wissenschaftler niemand betreten durfte. In diesem Gebiet wurden alle Bewohner evakuiert. Nur der 84 Jahre alte Harry Truman weigerte sich, sein Haus zu verlassen. Am 12. Mai gab es ein gewaltiges Erdbeben, doch Harry und seine 16 Katzen blieben. »Ich gehöre zum Berg«, erklärte er. Sechs Tage später starb Harry, als der Berg in sich zusammenstürzte und sein Haus unter Asche und Steinen begrub.

White Island, Neuseeland
Ein Anzeichen für vulkanische Aktivität ist eine Rauchwolke, die sich aus dem Krater erhebt. White Island gibt noch mehr Hinweise darauf. Aus der Erde kocht und blubbert Schlamm, immer wieder stößt pfeifend Dampf empor.

Countdown: Mount St Helens

Seit 1969 wird der Mount St Helens im US-Staat Washington beobachtet. Im Frühjahr 1980 häuften sich die Beben und wurden stärker. Der Krater weitete sich und es bildeten sich lange Spalten. Dem Berg wuchs seitlich ein Bauch. Am 18. Mai 1980 brach er in einer gewaltigen Explosion aus (unten). Das Infrarotbild (links) wurde einen Tag danach aufgenommen.

Rennt um euer Leben! Menschen fliehen vor dem Ausbruch des Vesuvs im Jahr 1906. 1865 war ein wissenschaftliches Observatorium auf dem Berg eröffnet worden, das vor dem Ausbruch Erdbeben, erstickende Gase und ein seltsam brummendes Geräusch aus dem Berginnern verzeichnete.

Krakatau, 1883

Mit dem Schiff am Höllenschlund

Am 26. August 1883 durchfuhr die *Charles Bal* die Sundastraße zwischen Sumatra und Java. Nahe der Insel Krakatau regnete es Asche und heiße Steine auf das Holzdeck des Schiffes. Die Mannschaft fürchtete um ihr Leben. Die Luft roch nach Schwefel, die Seeleute konnten kaum atmen. Blitze durchzuckten den Himmel und das Elmsfeuer, eine elektrische Leuchterscheinung, flackerte um die Masten. Am nächsten Morgen herrschte eine Zeit lang eine unheimliche Stille. Dann, um 10 Uhr, flog die gesamte Insel unter ohrenbetäubendem Dröhnen in die Luft.

Brockenlava

Brockenlava schiebt sich den Berg hinab. Man bezeichnet sie nach dem hawaiianischen Wort *aa* auch als Aalava. Sie enthält scharfkantige oder runde Brocken und ist weniger heiß, dafür aber klebriger als andere Lavaarten.

Fladenlava

Sie ist schwarz, extrem heiß und fließt schnell. Sie heißt auch Pahoehoelava. Solche Lava kühlt zu glattem, wellenförmigem Gestein ab. Lava, die am Meeresboden austritt, bildet ein rundliches, kissenförmiges Gestein.

Reiner Schwefel

Vulkanische Gase haben eine hohe Schwefelkonzentration. Der Schwefel härtet zu festen, hellgelben Kristallen aus. In einigen Gebieten baut man ihn für die Herstellung von Sprengstoffen ab.

Die Eruption

Der ohrenbetäubende Lärm bei der Eruption des Krakatau im Jahr 1883 war noch in 4776 km Entfernung auf der Insel Rodriguez zu hören. Ein Überlebender des Mount-St-Helens-Ausbruchs 1980 sagte, es klang, als sei ein ganzer Berg in einen riesenhaften Betonmischer geraten. Verschiedene Faktoren entscheiden darüber, wie explosiv eine Eruption ist. War der Schlot mit abgekühltem Magma und Gesteinsbrocken verstopft? Lautet die Antwort ja, erhöht sich der Druck. Enthält das Vulkangestein Wasser? Wenn ja, verwandelt sich dieses sofort in Wasserdampf, dehnt sich um das 200fache aus und sprengt das Gestein.

Ab ins kalte Wasser

Bei den Vulkanen auf Hawaii kann sich bei einer Eruption Lava bis zu 500 m hoch auftürmen. Auch aus den Spalten sprudelt pausenlos Lava hervor. Diese macht sich auf ihre Reise und kühlt erst nach etwa 30 km vollständig ab. Fließt sie ins Meer, erstarrt sie zu schwarzen Klippen.

Zuschauer beobachten fasziniert, wie Lava von den vulkanischen Galapagosinseln in den Pazifik strömt. Aus dem kalten Meerwasser steigen Dampfwolken auf.

Vulkanische Tätigkeit

Vulkanausbrüche gehen ganz unterschiedlich vonstatten. Man unterscheidet verschiedene Typen vulkanischer Tätigkeit.

Plinianisch: *Magma mit hohem Gasgehalt explodiert im Berg. Asche und Gase werden bis zu 30 km hoch in die Luft geschleudert.*

Peléanisch: *Magma mit hohem Gasgehalt explodiert bei geringem Druck. Eine Lawine aus Gasen, Asche und Steinen rollt ins Tal.*

Hawaiianisch: *Aufgrund des geringen Drucks fließen große Mengen Lava in langen Strömen aus.*

Strombolianisch: *Unter geringem Druck werden Steinblöcke, Lavafetzen und Gase ausgeworfen.*

Vulcanianisch: *Unter hohem Druck werden regelmäßig dickflüssige Lava und riesige Gesteinsbrocken ausgeworfen.*

Montagne Pelée, 1902

Ungünstiger Ankerplatz

Am Morgen des 8. Mai 1902 ging die *Roraima* im Hafen von St. Pierre, Martinique, vor Anker. Neben der 47-köpfigen Mannschaft waren 21 Passagiere an Bord. Der Oberbootsmann Ellery Scott berichtete später, was geschah. Der Himmel verdunkelte sich. Das Schiff geriet ins Schlingern, Wasser brach über das Deck herein. Masten und Schornstein zerbrachen. Das Schiff fing Feuer. Asche und Wasser ergossen sich glühend heiß über die Menschen und überzogen sie mit einer zementartigen Schicht. Zwei Stunden später rettete ein französisches Schiff etwa 20 Überlebende.

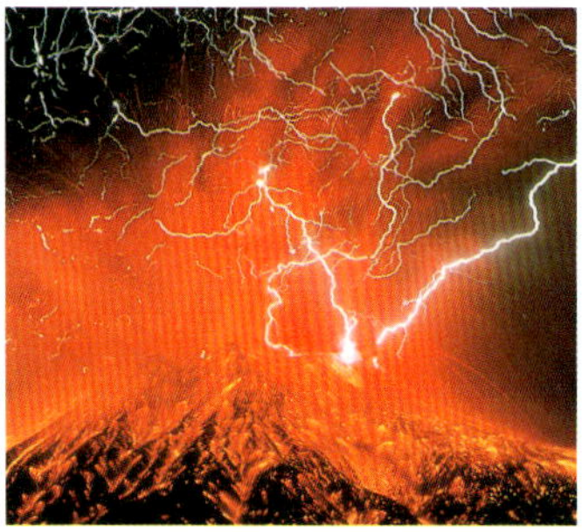

Elektrischer Sturm

Wenn kleine Asche- und Gesteinsteilchen zusammenstoßen, knistern sie vor statischer Elektrizität. Hier flackern Blitze um den Tolbatschik auf der russischen Halbinsel Kamtschatka.

Indien

Krakatau

Sumatra

Nieder-
schlags-
zone

Java

Hörweite

Australien

Niederschlagszone

Als im Jahr 1883 der Krakatau ausbrach, regnete es in einem riesigen Gebiet Asche. Ein Teil ging noch 1600 km westlich der Eruption auf Schiffe nieder.

Fugen, 1991

Diese Furcht einflößende, erstickende pyroklastische Wolke, die der Fugen im japanischen Unzen-Gebirge ausspuckte, besteht aus heißen Gasen, Asche und Rauch. Eine pyroklastische Wolke kann eine Geschwindigkeit bis zu 250 km/h erreichen.

Aschenregen

Bei einer Eruption steigen Gaswolken mit Kohlendioxid und Schwefeldioxid auf. Alle möglichen Ejekta (Auswurfgesteine) werden in die Luft geschleudert: große Gesteinsblöcke oder Schlacken (Lavabrocken), runde vulkanische Lavabomben, die innen geschmolzen, außen jedoch mit einer Haut überzogen sind, kleine Steine und Kiesel (Lapilli). Die kleinsten Ejekta sind so groß wie ein Stecknadelkopf. Sie bilden eine feine Asche, die wie tödlicher Schnee niederfällt. Asche kann in die Atmosphäre aufsteigen und rund um die Erde wandern.

Flug in die Wolke

Im Jahr 1982 ereignete sich in Indonesien eine gewaltige Plinianische Eruption. Der Galunggung stieß eine pilzförmige Wolke aus Gas und Asche hoch in die Luft. Ein britisches Düsenflugzeug flog in 11 200 m Höhe in die Aschenwolke hinein. Der Staub brachte fast 15 Minuten lang die Triebwerke zum Stillstand; das Flugzeug konnte gerade noch landen.

Bewohner der Insel Montserrat in der Karibik schützen sich mit Kartons gegen den Aschenregen vom Himmel. Der Mount Chance brach im Jahr 1995 das erste Mal aus. In den folgenden beiden Jahren konnte man pyroklastische Ströme und eine Aschenwolke, die 10 km hoch in die Atmosphäre aufstieg, beobachten.

Schlammströme

Erdbeben und Vulkanausbrüche erzeugen Flutwellen, die Tsunamis, bei denen sich gewaltige Wasserwälle aufbauen. Eine weitere Gefahrenquelle ist die Lava. Ein Erdwall und selbst die Bombardierung aus der Luft schaffen es oft nicht, einen großen Lavastrom umzuleiten. Das geschmolzene Gestein kann Wälder und Gebäude in Brand setzen. Gase vergiften die Menschen, Asche erstickt sie. Wird die Bergspitze weggesprengt, gehen gewaltige Lawinen aus Gestein und Schnee ab. Beide vermischen sich zu verheerenden Schlammströmen (Lahars).

Als 79 n. Chr. der Vesuv ausbrach, wurde Herculaneum unter 13 m hohem, kochendem Schlamm begraben.

Schlamm-Katastrophe

Als 1985 der Nevado del Ruiz in Kolumbien ausbrach, wälzte sich ein Schlammstrom durch die Stadt Armero und tötete 23 000 Menschen. Zum Schutz vor ähnlichen Katastrophen haben Länder wie Japan in gefährdeten Regionen Dämme und Barrieren errichtet.

Ein Kind wird aus Armero geborgen. Es ist sicherer die Bevölkerung vor dem Ausbruch zu evakuieren. Das ist aber nicht immer möglich, etwa, wenn die Gegend sehr abgelegen ist oder die Eruption überraschend kommt.

Hilfsmaßnahmen

Bei einer Naturkatastrophe muss jeder helfen – Nachbarn, Ärzte und Krankenschwestern, Feuerwehrleute, eventuell Armee, Luftwaffe und internationale Experten. Straßen- und Eisenbahnverbindungen sind oft zerstört, sodass es schwierig sein kann, Hilfsgüter zu transportieren.

Nach einer Spalteneruption im Jahr 1973 legt sich die Lava wie ein gewaltiger Schlackehaufen um die Häuser der isländischen Stadt Heimaey.

Nach dem Ausbruch des Pinatubo 1991 klebte Asche an den Ästen der Bäume. Ein Vulkanausbruch kann den Geschäftsalltag und den Verkehr in einer Stadt zum Erliegen bringen. Oft zerstört er die Ernte auf den Feldern, sodass es zu einer Hungersnot kommt.

Gesundheitsschäden

Der Aschenfall kann Atemprobleme hervorrufen. Feuerwehrleute sind von Verbrennungen bedroht. Manchmal bersten bei Erdbeben Wasser- und Stromleitungen. Das Wasser wird verunreinigt, sodass sich Krankheiten ausbreiten können.

Feuer und Eis

Heimaey ist eine Insel südlich von Island. Bis zum Jahr 1973 hatte man den Vulkan Helgafell auf der Insel für erloschen gehalten. Doch am 23. Januar öffnete sich nahe der Stadt Vestmannaeyjar eine neue Spalte. Während sich rund um sie ein neuer Vulkanschlot bildete, erreichte ein gewaltiger Lavastrom die Stadt. Viele Häuser verbrannten. Vier Monate lang beregneten die Inselbewohner die glühende Lava mit Meerwasser, um sie abkühlen und aushärten zu lassen.

*Vulkanische Böden sind oft nährstoffreich und frucht-
bar. Auf den Kanaren pflanzt man in trichterförmigen
Vertiefungen Weinstöcke an. Das poröse Lavagestein saugt
die Tautropfen ein, die Lavawälle dienen als Windschutz.*

Rabaul, 1994

Vulkane zerstören und erschaffen neu. Diese Vulkan-
inseln in Papua-Neuguinea entstanden, als sich
eine ozeanische Platte unter die andere schob. Das
nennt man Subduktion.

Die Wunden heilen

Nach dem Ausbruch
des Mount St. Helens im
Jahr 1980 blieb von den
Wäldern nur zersplitter-
tes Kleinholz übrig. Der
Vulkan spuckte 275 Mil-
lionen Tonnen Steine und
Asche aus. Und doch trie-
ben schon bald Pflanzen wie
wilde Lupinen und Weiden-
röschen durch die Ascheschichten.
Auch die Tiere kehrten zum Berg zurück.

Bedrohte Tierwelt

Bei einem Vulkanausbruch kommt manchen Tieren ihr
Lebensraum vollkommen abhanden. Im Jahr 1998
musste man Galapagos-Riesenschildkröten vor einem
Lavastrom in Sicherheit bringen und umsiedeln.

Nach dem Ausbruch

Der erste Eindruck nach einem Vulkanausbruch ist der totaler Zerstörung. Gehärtete Lava verwandelt große Flächen in eine Mondlandschaft. Karten der Region müssen neu gezeichnet werden. Die großen Aschemengen, die aufgestiegen sind, können noch monatelang die Sonne verschleiern und das Weltklima beeinflussen. Schließlich aber kehrt Leben in das Gebiet zurück. 14 Jahre nach dem Krakatau-Ausbruch von 1883 hatten nicht weniger als 132 Vogel- und Insektenarten und 61 Pflanzenarten die Inselreste wieder besiedelt.

Rückkehr der Pflanzen

Wie kehrt nach der Katastrophe pflanzliches Leben auf eine Insel zurück? Vögel oder der Wind tragen Samen dorthin. Diese Kokosnuss trieb über das Meer.

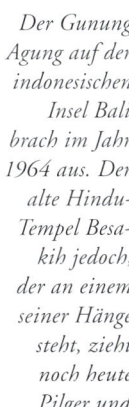

Der Gunung Agung auf der indonesischen Insel Bali brach im Jahr 1964 aus. Der alte Hindu-Tempel Besakih jedoch, der an einem seiner Hänge steht, zieht noch heute Pilger und Touristen an.

Novarupta, 1912

Im Jahr 1912 brach der Novarupta im Hinterland Alaskas mit der zehnfachen Gewalt des Mount St Helens aus. Zurück blieb eine verwüstete Landschaft aus Eis, Fels und Dampf.

Felsen mit Vergangenheit

Felsen geben uns Hinweise auf die Entstehung der Erdkruste. Felsen, die aus Magma hervorgehen, nennt man magmatische Gesteine. Magma, das Spalten ausfüllt und langsam abkühlt, bildet Tiefengesteine wie die sehr harten Granite. Aus Magma, das in Form von Lava aus einem Vulkan austritt und schnell abkühlt, werden Ergussgesteine.

Kappadokien, Türkei

Vor rund acht Millionen Jahren ergossen sich vulkanische Aschen, Schlacken und Basalt über diese Landschaft. Mit der Zeit erodierte das Gestein, das aus diesen Mineralien entstand, zu seltsamen, spitz zulaufenden Kegeln.

The Giant's Causeway, Nordirland

Der Legende nach soll der irische Held Finn MacCool diese felsige Landspitze als Damm nach Schottland erbaut haben. Die 40 000 sechseckigen Säulen bestehen aus Basalt. Sie bildeten sich vor rund 50 Millionen Jahren nach einer Spalteneruption.

Le Puy, Frankreich

Diese Kapelle im französischen Zentralmassiv steht auf einem erodierten Lavakegel. Sie erinnert daran, dass viele heute friedlichen Gegenden der Erde eine vulkanische Vergangenheit haben.

Aufsteigendes Gestein

Beispiele für magmatische Gesteine sind der gläserne, blaue Obsidian, Basalt und Andesit. Vulkanausbrüche bringen wertvolle Mineralien an die Oberfläche. Reiche Kupfer-, Silber- und Goldlagerstätten umgeben den pazifischen »Ring of Fire«. Diamanten, die sich im Erdmantel bilden, werden mit den aufsteigenden Magmaströmen nach oben befördert.

Bims entsteht aus schäumender, gashaltiger Lava. Das leichte Gestein enthält daher so viele Luftlöcher, dass es auf Wasser schwimmen kann.

23

Diamond Hill ist der Krater eines erloschenen Vulkans im Herzen von Honolulu. Im Krater befindet sich ein US-Militärfriedhof.

Crater Lake, Oregon

Als vor rund 6600 Jahren der Mount Mazama einstürzte, blieb eine riesige Caldera zurück. Sie füllte sich mit Regen- und Schmelzwasser, sodass dieser wunderschöne blaue See entstand. Die kleine Insel in der Mitte ist ein neuer, noch kleiner Vulkan.

Ngorongoro-Krater

Eine gewaltige Spalte in der Erdkruste verläuft längs durch Ostafrika. Im Lauf von Jahrmillionen entstanden entlang dieses Ostafrikanischen Grabens viele Vulkane. Einer war der mächtige Ngorongoro im heutigen Tansania. Als er in sich zusammenfiel, entstand eine Caldera mit einem Durchmesser von etwa 20 km und einem 700 m hohen Rand.

Erloschene Vulkane

Überall auf der Erde gibt es erloschene oder untätige Vulkane, Krater und Calderen. Einige sind sehr auffällig, andere kaum zu erkennen. Im Lauf von Jahrmillionen verwandeln sich spitze Berge in flache, gras- oder waldbewachsene Hügel. Krater, die sich mit Wasser füllen, werden zu tiefen Seen. In warmen tropischen Gewässern bauen die Korallen an den Hängen untermeerischer Vulkane Formationen aus Kalk auf. Wenn dann der Berg in der Mitte in sich zusammenstürzt, bleibt ein ringförmiges Korallenriff mit einer Lagune übrig – ein Atoll.

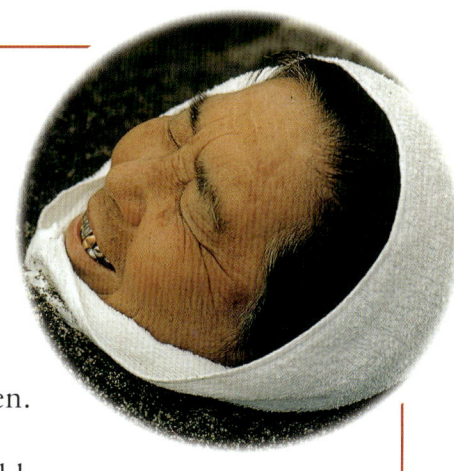

Vulkanischer Schlamm soll eine reinigende und heilende Wirkung haben. Das liegt wohl am Schwefel, der auch in den warmen Quellen der Heilbäder vorkommt. Diese japanische Frau ist bis zum Hals in Vulkanschlamm eingepackt.

Schwarze Sandstrände

In vielen Urlaubsgebieten finden sich schwarze Strände, etwa auf Thera (links) oder der Karibikinsel Martinique. Alle liegen in Vulkangebieten. Die Sandkörnchen entstanden aus Lavaströmen, die sich ins Meer ergossen und vom Wasser zersetzt wurden.

So entsteht ein Atoll

Saumriff

Ein Vulkan erhebt sich über den Meeresspiegel. An seinen Hängen wachsen Korallen.

Barriereriff

Der Vulkan stürzt ein und geht unter.

Atoll   **Lagune**

Der Vulkan verschwindet. Zurück bleibt ein Atoll.

Umgeben von einem Riff

Ein Atoll ist ein ringförmiges Riff. Wie auf einer Perlenkette ziehen sich durch den Südpazifik Atolle, die einst aus untermeerischen Vulkanen entstanden. Es wimmelt dort nur so von Meerestieren.

Vulkanforschung

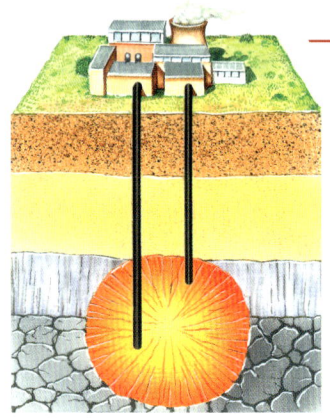

Die Vulkanologie beschäftigt sich wissenschaftlich mit Magma und Vulkanen. Sie erforscht die Vorgänge im Erdinnern. Lernen die Wissenschaftler sie besser zu verstehen, können sie durch eine frühzeitige Warnung Leben retten und herausfinden, wie die gewaltige Kraft der Vulkane genutzt werden kann. Heute untersuchen Vulkanologen von Satelliten gesammelte Daten, die mittels Laserstrahlen vom All aus die Plattenbewegungen messen. Andere erforschen in Mini-U-Booten die ozeanische Kruste. Einige Wissenschaftler zeichnen anhand künstlich herbeigeführter Explosionen die Druckwellen auf, um mehr über den Aufbau der Erde herauszufinden.

Vulkankraftwerk
Die Wärme unterirdischer Magmakammern kann man sich nutzbar machen und über der Erde in Energie umwandeln. Erwärmtes Wasser wird zu Wasserdampf. Dieser treibt Turbinen an, die Strom produzieren.

Am Abgrund
Vulkanologen untersuchen einen aktiven Vulkan. Sie entnehmen Gas- und Lavaproben. Außerdem messen sie die Temperatur der Lava. Ein gewöhnliches Thermometer würde bei der Hitze schmelzen, daher verwendet man Metallsonden, so genannte Thermoelemente.

Schutzausrüstung
Bei der Arbeit auf dem Vulkan tragen die Wissenschaftler eine Gasmaske und Schutzkleidung. Die Arbeit ist oft sehr gefährlich. Manche Proben können nur mit speziellen Robotern entnommen werden.

Manche mögens heiß
Röhrenwürmer sammeln sich in der Galapagosregion im Pazifik um einen heißen Schlot. Wissenschaftler fanden heraus, dass sich Bakterien vom Mineralienreichtum dort ernähren und dass diese wiederum Röhrenwürmern als Nahrung dienen.

Der Herzschlag der Erde

Mit Seismografen misst man Erdbebenwellen, um den Zeitpunkt und die Stärke eines Vulkanausbruchs vorherzusagen. Kurz vor der Eruption nehmen die Druckwellen auffallend zu.

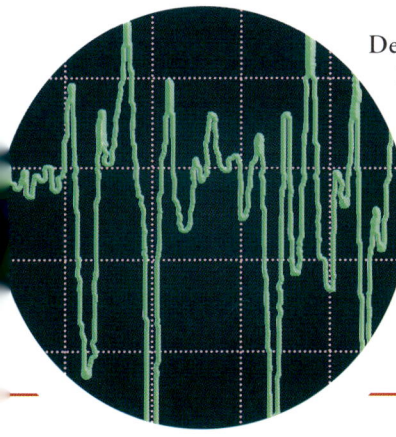

Japan, 1952

Zur falschen Zeit am falschen Ort

Am 17. September 1952 berichtete die Mannschaft eines Fischerbootes von seltsamen Explosionen unter dem Meer. Das war rund 400 km südlich von Tokio am Rande des Pazifiks. An dieser Stelle entstand eine Vulkaninsel, die bald darauf in einer neuen Eruption wieder in die Luft gehen sollte. Japanische Vulkanologen eilten in den Forschungsschiffen *Sinyo-maru* und *Kaiyo-maru* zur Stelle. Letzteres erreichte den Schlot gerade in dem Moment, als er explodierte. Die 22-köpfige Mannschaft und sechs Vulkanologen kamen bei der Explosion ums Leben.

Unter Asche begraben

Verfestigt sich die Asche nach einem Vulkanausbruch, bleiben die Formen der Menschen darin enthalten. Gießt man die Hohlräume mit Gips oder Harz aus, kann man die Körper der Opfer zum Zeitpunkt ihres Todes rekonstruieren.

Gipsabgüsse zeigen die Körper der zusammen-gekauerten Opfer von Pompeji. Sie erinnern an alle, die im Lauf der Erdgeschichte einem Vulkanausbruch zum Opfer fielen.

Die ersten Fußspuren

Diese Fußspuren hinterließen Vorfahren der Menschen vor rund 3,6 Millionen Jahren in vulkanischer Asche. Als die Asche versteinerte, blieben die Fußabdrücke erhalten. Man fand sie 1976 bei Laetoli, Tansania.

Spuren der Geschichte

Wenn ein Vulkan eine Landschaft unter Asche und Lava begräbt, bleiben häufig die Körperformen der Opfer, die Gebäude und Straßen, Schmuck, Geschirr und andere Gebrauchsgegenstände erhalten. Bei einer Ausgrabung ist es dann oft so, als blicke man direkt in die Vergangenheit. Man erfährt, wie die Menschen vor langer Zeit lebten. Das berühmteste Beispiel ist die römische Stadt Pompeji, die beim Ausbruch des Vesuv 79 n. Chr. verschüttet wurde. Seit 1748 wird sie ausgegraben. Seither wissen wir, wie die Römer aßen, einkauften und arbeiteten, wie ihre Häuser aussahen und welche Pflanzen in ihren Gärten wuchsen.

Dieser wunderschöne Delfinkrug wurde auf Thera gefunden.

Verschüttete Kunstwerke

Dieses Fresko aus Akrotíri auf der griechischen Insel Thera zeigt zwei Jungen beim Boxkampf. Auf anderen Fresken sind Häuser, Schiffe und modisch gekleidete Damen zu sehen. Bevor Thera um 1500 v. Chr. bei einem Vulkanausbruch zerstört wurde, gehörte es zur minoischen Kultur des nahen Kreta.

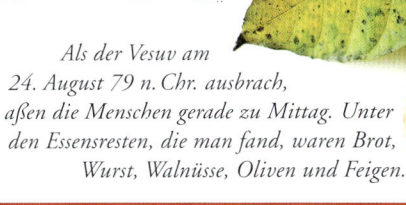

Als der Vesuv am 24. August 79 n. Chr. ausbrach, aßen die Menschen gerade zu Mittag. Unter den Essensresten, die man fand, waren Brot, Wurst, Walnüsse, Oliven und Feigen.

Vulkane im All

Wo liegt der größte bekannte Vulkan? Nein, nicht auf der Erde, sondern auf dem Mars. Und wenn wir zur Venus reisen könnten, würden wir Vulkane vorfinden, die sich 11 km über den Boden erheben, außerdem gehärtete Lavaströme und riesige Basaltplatten. Auf Io, einem Mond des Jupiters, spucken Vulkane Auswurfgestein 1000 km in die Höhe. Die Vulkanologie hilft uns dabei, die Entstehung von Planeten und Monden in unserem Sonnensystem zu erforschen. Eines Tages werden Menschen vielleicht andere Planeten besiedeln. Dann müssen sie wissen, woraus sie sich entwickelten und welche Rolle vulkanische Gase beim Aufbau der Atmosphäre spielten.

Der Mann im Mond

Unser Mond hat große dunkle Flecken auf seiner Oberfläche, die wie ein Gesicht aussehen. Der Astronom Galileo Galilei (1564–1642) bezeichnete sie als »Meere«. Eigentlich sind es Ebenen aus basaltischer Lava, die vor 2 bis 4 Milliarden Jahren aus Spalten und Gräben nach oben drang.

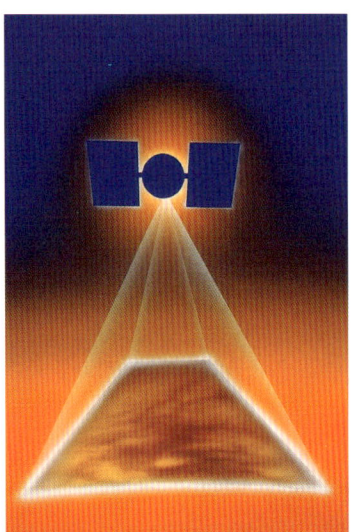

Vermessung per Radar

Die Raumsonde Magellan kartografierte 1990–1991 die Oberfläche der Venus. Zwar erhielt die Venus ihren Namen von der römischen Göttin der Liebe, mit ihren glühend heißen Wüsten, riesenhaften Vulkanen, gewaltigen Lavaströmen und Hot Spots, an denen sich ihr Mantel aufwölbt und dem Planeten einen Bauch wachsen lässt, gleicht sie eher der Hölle.

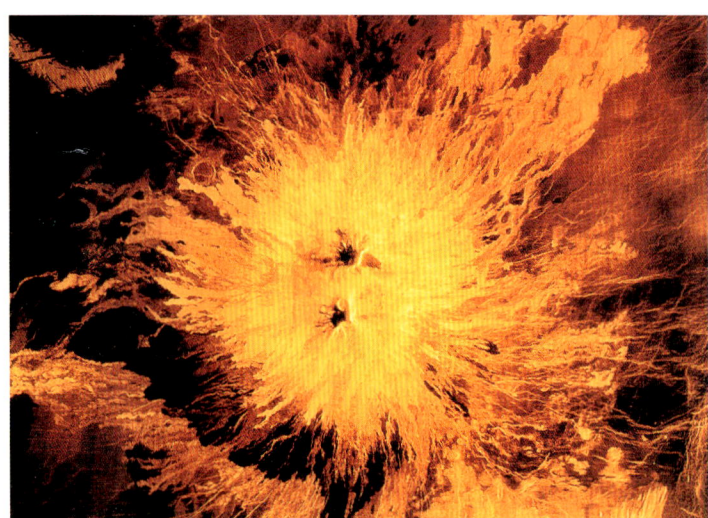

Heiße Venus

Sapas Mons ist einer der Riesen-Vulkane auf der Venus. Er bedeckt eine Fläche von 400 km Durchmesser und ist 1,5 km hoch. Diese Luftaufnahme basiert auf einem Radarbild, das die Magellan übermittelte. Am Gipfel sieht man zwei erodierte Felstafeln. Um sie herum befindet sich neue, grobe Lava (gelb), an die sich ältere, glatte Ströme anschließen (braun, oben links).

Mars-Vulkane

Die Vulkane auf dem Mars sind wahrscheinlich erloschen. Hier sieht man die Vulkane Arsia, Pavonis und Ascraeus Mons. Im Hintergrund erhebt sich der größte bekannte Vulkan, Olympus Mons.

Olympus Mons ist ein Riesen-Vulkan. Er ist 24 km hoch – dreimal so hoch wie der höchste Berg der Erde, der Mount Everest – und hat einen Durchmesser von 600 km.

Der Mond Io

Vulkanischer als Io ist kein bekannter Planet. Die Schwerkraft des Jupiters (des größten Planeten im Sonnensystem) und die der 15 anderen Monde zerren an Ios Gestein und halten es am Kochen. Ständig ereignen sich größere Ausbrüche, einige bei einer Hitze von bis zu 427 °C. Die Oberfläche des Mondes Io ist von Auswurfgestein übersät und mit Schwefel überzogen; seine Farben sind daher Orange, Gelb, Rot und Schwarz.

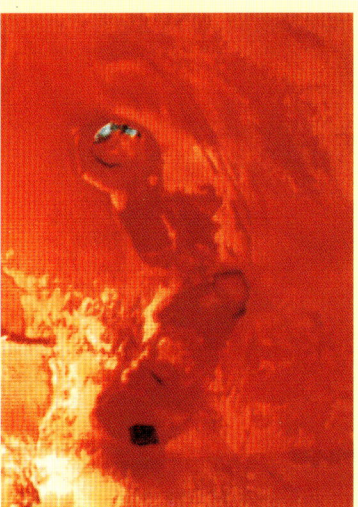

Die seltsame vulkanische Welt des Io entdeckten in den 70er-Jahren die Voyager-Raumsonden. Dieses Bild zeigt ein bläuliches Gas, das aus Vulkanschloten emporsteigt. Da die Anziehungskraft des Io gering ist, steigen die Gase sehr hoch. Wahrscheinlich bestehen sie aus Schwefeldioxid. Der dunkle Fleck unten ist vermutlich geschmolzener Schwefel.

Schon gewusst ...?

In der Vulkanexplosion auf der griechischen Insel Thera liegt vielleicht der Ursprung der Legende von Atlantis, einer hoch entwickelten Inselkultur, die im Meer versunken sein soll.

Das Land mit den meisten Vulkanen ist Indonesien, das 13 000 bergige Inseln umfasst. Darauf finden sich über 400 Vulkane, von denen rund 130 aktiv sind. 24 sind so gefährlich, dass man sie ständig überwacht.

Der höchste aktive Vulkan ist mit 6887 m der Ojos del Salado in den Anden auf der chilenisch-argentinischen Grenze.

Der griechische Philosoph Empedokles lebte auf Sizilien. Angeblich wollte er von dieser Welt verschwinden, damit seine Anhänger ihn für unsterblich hielten. Zu diesem Zweck sprang er in den Krater des Ätna. Der Vulkan spuckte aber eine seiner Sandalen wieder aus. Damit war klar, dass Empedokles wie ein gewöhnlicher Sterblicher zu Tode gekommen war.

Als im Jahr 1902 der Montagne Pelée auf der Insel Martinique ausbrach, saß der 25-jährige Auguste Ciparis im Gefängnis. Er gehörte zu den beiden Menschen in St. Pierre, die die Katastrophe überlebten. Warum? Seine Zelle hatte sehr dicke Mauern und der kleine Lüftungsschacht zeigte vom Berg weg. Auguste wurde berühmt und bereiste als Zirkusattraktion die USA.

Im Jahr 1943 sahen die Bewohner des Dorfes San Juan Parangaricutiro, wie auf ihren Feldern ein neuer Vulkan entstand. Er erhielt den Namen Paricutín. Er wuchs im Lauf eines Jahres 300 m und begrub dann das ganze Dorf unter sich.

Im Jahr 1986 stieg eine unsichtbare Giftgaswolke aus dem Nios auf, einem Kratersee im westafrikanischen Kamerun. Sie tötete über 1500 Menschen.

Der nördlichste Vulkan ist der Beeren-Berg auf der Insel Jan Mayen im Nordpolarmeer. Der südlichste ist der Mount Erebus, der sich über die Eiswüste der Antarktis erhebt.

Die Deutsche Bibliothek - CIP Einheitsaufnahme

Vulkane / Philip Steele. Aus dem Engl. von Anne Emmert. - München : Ars-Ed., 2001
(Wissen der Welt) Einheitssacht.: Volcanoes <dt.> ISBN 3-7607-4711-6

Copyright © 2001 für die deutsche Ausgabe: arsEdition, München
Aus dem Englischen von: Anne Emmert
Redaktion: Annette Maas, Magda-Lia Bloos
Umschlaggestaltung der deutschen Ausgabe: Eva Schindler
Satz: Media and more GmbH, München

First Published in Great Britain by ticktock Publishing Ltd.
Titel der Originalausgabe: »Volcanoes«
© 1999 ticktock Publishing Ltd.
Illustrationen von: Peter Bull Art Studio
Alle Rechte vorbehalten

Printed in Belgium · ISBN 3-7607-4711-6

Danksagung: Der Verlag bedankt sich bei Graham Rich, Hazel Poole, Nicola Edwards und Elizabeth Wiggans für ihre Mithilfe.

Bildnachweis: o = oben, u = unten, M = Mitte, l = links, r = rechts, Uv = Umschlag vorne, Uh = Umschlag hinten

AKG; 2c & 2ur. Ancient Art & Architecture: 29 Mr, 29 or. Ann Ronan / Image Select: 13 ur. Anthony Blake Photo Library: 28 ur. The British Museum: 2 ol. CFCL / Image Select: 5 ul. Giraudon: 2 ul, 3 ur, 5 Mr. Images: 11 Mr, 25 or. Mary Evans: 5 or. Nasa: 4 ol. Oxford Scientific Films: Uv. Pix: 4 b, 8 ol, 10 ur, 21 ur, 21 ul, 24 ol. Planet Earth: Uv (kleines Bild), Uh (o), 0, 7 Mr, 8 M, 12 M, 14 u, 15 u, 17 or, 18/19 o, 20 or, 20 ul, 23 ur, 26 Mr, 28/29 (Hauptbild), 32. Rex: 6 u, 13 Mr, 14 o, 16/17 (Hauptbild), 17 ul, 17 ur, 19 Mu, 18 ol, 18 ul, 18 ur, 23 M, 25 Ml, 28 ol. Science Foto Library: 4/5 o, 6 Ml, 6 o, 9 or, 9 M, 10/11 (Hauptbild), 12 ol, 21 or, 23 or, 26 ul & Uh, 27 ur, 28 Ml, 30/31 o, 30 Mu, 30 Ml, 31 ur, 31 ul. Still Pictures: 20 ur, 20/21 o. The Stock Market: 2/3 o. Telegraph Colour Libary: 6/7 o, 7 ur, 15 M. Tony Stone: 12 u, 14 Mr, 22/23 (Hauptbild), 24 u, 24/25 o, 26/27 (Hauptbild).

Register